Gott ist mit uns – Gebete von Manuela Dauner

Gott ist mit uns!

Immanuel!

Das ist Seine Verheißung !

Er begleitet uns.

Er gibt Acht auf uns.

Er hört uns zu,

wenn wir uns an ihn wenden.

Er will uns Frieden und Heil schenken.

Mit diesen Worten will ich eröffnen.

Locken, sich zu öffnen,

für das,

was dieses Gebetbuch vermitteln soll.

Ich möchte mit meinen Gebeten dem Leser einen leichteren Zugang zu Gott schaffen.

Unser Gott ist keiner, der ewig weit weg ist und der sich über uns stellen will.

Er hat sich auf unsere Ebene begeben.

So können wir ihn mit „Du" ganz persönlich anreden als unser Gegenüber.

Wir können mit allem zu ihm kommen, denn er möchte eine lebendige Beziehung zu uns Menschen.

Denjenigen, denen es schwer fällt direkt zu Gott zu beten, hoffe ich Worte geben zu können, die es ihnen erleichtern, in Kontakt mit Gott zu treten.

Ich habe eine sehr enge Beziehung zu Gott und fühle, dass ich andere an dieser Gnadengabe teilhaben lassen soll.

Die Gebete sind voll Vertrauen, Hoffnung, Dank und Gottes (-) Liebe.

Impressum:
Copyright: Manuela Dauner
Jahr: 2021
ISBN: 9789403644387
Selfpublishing-Portal: Bookmundo
Gedruckt in Deutschland

Inhaltsverzeichnis:

Morgengebete

Lieber Gott,

Du hast mich wieder erwachen lassen aus dem erholsamen Schlaf, den wir – deine Geschöpfe- brauchen. Wir danken Dir für deinen Schutz in dieser Nacht und bitten Dich um Kraft für diesen neuen Tag – für das Bewältigen der Dinge, die heute anstehen.

Schenke uns Freude bei all unserem Tun und im Zusammenleben mit unseren Mitmenschen.

Amen.

Begleite Du uns mit deinem Segen -

- Du, Gott Vater, Sohn und Hl. Geist

Guter Gott,

Der Morgen ist die schönste Zeit,

Wir bitten Dich um dein Geleit.

Großer Gott, Du unser Herr –

Erinnerst uns mit dem

Sonnenaufgang daran,

was Du mit
der Auferstehung deines Sohnes

hast getan – uns erlöst von der Schuld
der Welt,

und deine Liebe uns hält.

Amen.

Im Namen des Vaters und des Sohnes
und des Hl. Geistes

Guter Gott,

Ein neuer Tag beginnt.

Beginne Du ihn mit uns.

Lass uns freudig ausblicken

auf das, was der Tag bringen mag.

– Und nicht nur darauf schauen,
was alles erledigt werden muss.

Gib uns die Kraft das zu tun, was uns
aufgetragen ist.

Lass uns spüren, dass wir damit nicht
allein gelassen sind. Sondern,
dass Du da bist.
Amen.
So segne Du uns.–

Gott Vater, Sohn und Hl. Geist.

Gütiger Gott,

Ich danke Dir für die Ruhe

in dieser Nacht –

Die Erholung für meinen Körper und
die Beruhigung der Gedanken,
die mich beschäftigen.

Mit jedem neuen Tag schenkst Du uns
auch die Möglichkeit eines Neubeginns.

Du lässt uns nicht fallen, auch wenn
wir uns schwer tun,
deinem Sohn Jesus Christus in allem
nachzufolgen.

Schenke uns die Kraft unseren eigenen
Weg zu gehen, auch wenn wir mit
anderen Meinungen konfrontiert werden.
Wir stellen uns unter deinen Segen –

Gott Vater, Sohn und Hl. Geist

Guter Gott,

Ein neuer Tag bricht an.

Noch sind wir in Ruhe.

Wir danken Dir für den Schlaf, der uns gut in diesen neuen Tag starten lässt.

Und bitten Dich um deine Begleitung.

Stärke uns, wenn wir müde werden, und sei Du unser Schutz bei Gefahr und Bedrängnissen.

Segne uns und Die,
die deines Schutzes und Heils
am meisten bedürfen –

Du, Gott Vater, Sohn und Hl. Geist

Lieber Gott,

An einem neuen Morgen,

an dem Du mich erwachen hast lassen,

danke ich Dir für dein Wachen über
meinem Bett –
damit mir nichts geschieht.

Du bist immer da bei mir.
– das darf ich voll Vertrauen sagen.

Darum lobe und preise ich Dich.

Ich bitte Dich um einen guten Start in
diesen Tag – voll Freude und dem
Zutrauen, dass Du uns die nötigen Kräfte
für heute gibst.

Lass auch das Zusammenleben mit
meinen Mitmenschen in Frieden
und Dir zur Freude gelingen.

Amen.

So bitte ich um deinen Segen für mich
und meine Mitmenschen –

Gott, Vater, Sohn und Hl. Geist

Herr unser Gott,

Schon am Morgen dürfen wir uns an
deiner Schöpfung freuen –
wenn uns Vogelgezwitscher weckt
und in den Morgen begleitet.

Lass uns bewusst den anbrechenden Tag
erleben, wenn es immer heller wird.

Und lass uns Freude verspüren, die sich
auch auf unser Tun am heutigen Tag
überträgt und Arbeit leichter macht.

Stärke uns, wenn unsere Kräfte
nachlassen.

Lass uns aber auch erkennen,
wann eine Pause nötig ist oder es Zeit ist,
die Arbeit zur Seite zu legen.
Du willst, dass es uns gut geht und nicht,
dass wir uns durch den Tag kämpfen.
Ich danke Dir für deine Sorge um uns
und hoffe, dass mein Tun und Lassen
heute auch Dir Freude bereitet.
So erbitte ich nun deinen Segen für mich
und meine Mitmenschen –

Gott Vater, Sohn und Hl. Geist.

Herr, Du mein Gott,

An diesem Morgen rufe ich zu Dir.

Ich komme mit Dank und Lob zu Dir.

Du hast mich sicher geborgen in dieser
Nacht und in Ruhe erwachen lassen.

Du lässt die Sonne aufgehen –
wieder und wieder.

Wir preisen Dich für das Licht.

Erhelle Du unsere Seelen.
Damit wir Gutes tun und uns
nicht von Dir abwenden.

Bleibe bei uns mit deinem Segen.-

Du, Gott Vater, Sohn und Hl. Geist

Herr, unser Gott,

Wenn ein neuer Tag anbricht,
wollen auch wir aufbrechen.

Aufbrechen, in das Geschehen
dieses Tages.

Aufbrechen, Dir entgegen zu gehen. –
Dir in allem zu begegnen.

Lass uns vertrauen, dass Du immer
und überall zugegen bist.
Unsere Schritte lenkst,

und stärkst für alles, das kommen mag.

So bitten wir. Und segne uns. –

Du, Gott Vater, Sohn und Hl. Geist

Guter Herr und Gott,

Danken möchte ich Dir für einen neuen Morgen.

Und danken für die vergangene Nacht, in der sich mein Körper wieder erholen und mein Kopf abschalten konnte.

So kann ich heute wieder gut in den Tag gehen. Ich bitte Dich um deine Begleitung. - damit ich voll Vertrauen meine Schritte voreinandersetze.

So segne Du mich, alle mit denen ich zusammenlebe und alle Begegnungen – Gott Vater, Sohn und Hl. Geist.

Herr, mein Gott,

Ich danke Dir für die vergangene Nacht.

Für die Ruhe, die meinem Körper wieder

Kraft für einen neuen Tag gibt.

Du umsorgst uns – zu jeder Zeit. -

Darum lobe und preise ich Dich. Und lege
Dir alles hin, was mir heute Sorge bereitet
und bei dem ich Angst habe,
es nicht zu schaffen.

Wandle Du es in Stärke, um auch meinen
Mitmenschen Kraft und Mut zu geben,
für das, was heute noch kommen mag.

Lass uns getrost unter deinem Segen
gehen –

Gott Vater, Sohn und Hl. Geist

Guter Gott,

Am Morgen dieses Tages komme ich zu
Dir –
mit meinem Lob und Dank für die
vergangene Nacht.
Ich danke Dir, dass Du mich gut hast
schlafen lassen. Und loben, dass Du mich
wieder erwachen ließest. Du schenkst uns
mit jedem neuen Tag die Chance,
neu zu beginnen. Danke.
Im Vertrauen auf Dich, wollen wir nun
in diesen neuen Tag gehen.

Sei Du unser Begleiter und lass uns in
allem, das uns heute begegnet und
geschieht dein Schöpferhändewerk
erkennen.

Amen.

So schenke uns auch deinen Segen –

Du, Gott Vater, Sohn und Hl. Geist

Guter Gott,

Dein Licht umstrahlt uns.

Am Morgen weckt uns der Sonnenglanz
in seinen tollsten Farben.

Danke für jeden neuen Tag.

Lass auch mich mit dem immer heller
werdenden Licht mehr und mehr wacher
werden.
Wach sein, zu tun, was mir aufgetragen
ist. Wach sein für Begegnungen.
Und besonders wach sein, zu erkennen,
was heute wirklich wichtig ist.

Lass uns dein Antlitz erkennen. -
In all der Schönheit deiner Schöpfung.
Und lass mich die Freude über deine
Allgegenwart sichtbar leben und
weitergeben.

So bitte ich Dich:

schenke uns deinen Segen.-

Du, Gott, Sohn und Hl. Geist.

Guter Gott,

Ich will Dir singen an diesem Morgen.

Loben deine Herrlichkeit und das Werk
deiner Schöpferhände. -
Wie schön Du doch unsere Lebensumwelt
geschaffen hast. - Mit all seinen Farben
und lebendigen Sprießen.

Hilf uns in Einklang mit deiner ganzen
Schöpfung zu leben, und sie nicht nur zu
benutzen.

Wir bitten Dich:
Sende deinen Hl. Geist über die Erde
damit es gelingen kann und auch
die Völker in Frieden leben.

Amen.

So bitte komm und segne uns-

Du, Gott Vater, Sohn und Hl. Geist

Mein lieber Gott,

Ich danke Dir, dass Du diese Nacht über mir gewacht hast. Und mich so ruhig hast schlafen lassen. Du schaust, dass es uns gut geht- bei Nacht und bei Tag. Darum bitte ich Dich an diesem neuen Morgen, dass ich es spüre, dass Du immer bei mir bist und für mich sorgst.

Amen.

Im Namen des Vaters und des Sohnes und des Hl. Geistes

Lieber Gott,

Ein neuer Tag beginnt.

Wir wissen noch nicht,
was er bringen mag.

Lass und im Vertrauen auf deine
Begleitung mit Freude und Zuversicht
auf gute Erlebnisse und Begegnungen
in diesen Tag gehen.

Wir wollen mitwirken zu einem
friedlichen Miteinander mit unseren
Mitmenschen.
Jesus, dein Sohn, hat uns ein Beispiel
gegeben, wie wir einander in Liebe
begegnen sollen.

Lass uns nicht müde werden, zu
versuchen, es Ihm gleich zu tun.

Wir bitten: Stärke uns mit deinem Segen
– Du, Gott Vater, Sohn und Hl. Geist

Gott, unser Vater,

Am Morgen dieses Tages
beten wir zu Dir.

Wir danken Dir für den Schlaf der letzten
Nacht und dein wachendes Auge.
Lass uns erholt und gestärkt in diesen
neuen Tag gehen. Begleite uns durch ihn.
Und lass uns deine Gegenwart spüren.-
Bei allem, was uns schwerfällt
oder Sorgen macht. Aber auch bei all
dem, das uns Freude bereitet.
Du bist die Freude und freust Dich
mit uns.

Wir stellen uns unter deinen Segen-
Gott Vater, Sohn und Hl. Geist

Mein lieber Vater,

Nach deinem Willen hast Du mich
heute Morgen wieder erwachen lassen.

Ich danke Dir für das Geschenk
meines Lebens.

Auch, wenn es mir oft schwer erscheint
und das Leben anderer so viel leichter und
schöner. So weiß ich, durch Dich ist mein
Leben hell. - Du bist der Sonne Glanz.
Deine Gegenwart macht unser Leben süß.

Ich bitte: Hilf uns im Vertrauen auf Dich
unsere Lebenswege- so kurvig sie oft
sind- anzuerkennen und zu lieben.
Denn sie machen uns einzigartig.

Stärke uns mit deinem Segen -

Gott Vater, Sohn und Hl. Geist.

Guten Morgen lieber Vater-

mein Gott, der Du sorgst für uns.

Du gibst uns, was wir zum Leben brauchen – Essen, Trinken aber auch den erholsamen Schlaf, der uns jeden Tag neu beginnen lässt.

Wir danken Dir dafür.

Aber wir leben nicht von Brot allein.
Darum bitten wir Dich: Lass uns immer mehr von deinem Wort verstehen, das Du uns schenkst.
Damit wir danach handeln zum Heil und Segen dieses Welt.

Amen.

Stärke und begleite uns mit deinem Segen.-

Du, Gott Vater, Sohn und Hl. Geist.

Wochenbeginn

Guten Morgen lieber Vater,

wir wollen gut mit Dir anfangen
an diesem neuen Tag. –

Am Anfang dieser neuen Woche.

Im Vertrauen auf deine Begleitung gehen
wir mit Hoffnung und Zuversicht in die
neue Woche und in jeden neuen Tag.

So wollen wir Dir unser Leben öffnen und
bitten Dich um deinen Hl. Geist, damit
wir Gutes tun und in Frieden mit unseren
Mitmenschen leben.

So lass uns mit deinem Segen gehen.-
Du, Gott Vater, Sohn und Hl. Geist.

Lieber Gott – Du unser Vater,

Wieder stehen wir am Beginn
einer neuen Arbeitswoche.

Wir wollen noch nicht so recht, denn oft
bedeutet es für uns Mühsal. Doch Du bist
bei uns, und hilfst uns unsere Lasten zu
tragen. Lass es uns spüren und erkennen,
wann und wie Du uns erleichterst.
Auch danken wollen wir Dir für das
Wochenende- das uns Zeit zur
Regeneration gab.
Zeit auch um das zu tun, wofür unter der
Woche kein Platz ist. Und Zeit für die
Menschen, die uns lieb sind
und sonst oft zu kurz kommen.

Wir wollen uns öffnen für das
Kommende dieser Woche.
Gib uns dazu deinen Segen –

Du, Gott Vater, Sohn und Hl. Geist

Gott, Du mein Vater,

Dein Licht strahlt über allem.

In diesem Licht wollen wir heute wieder neu beginnen. Zeige uns, was wir heute – Dir zur Ehre – tun können. Und sende uns deinen Geist für die Begegnungen mit unseren Mitmenschen.

So kann auch unser Inneres hell sein.

Segne uns in deinem Licht –

Du, dreieiniger Gott –

Gott Vater, Sohn und Hl. Geist

Guten Morgen lieber Gott –

So will ich mit Dir beginnen. -
Kann ich diesen Tag beginnen.

Du bist mir gegenwärtig, und begleitest
mich den ganzen Tag.

Schenke mir dieses Vertrauen und
bestärke mich darin. So möge uns das
Tagesgeschehen nicht überrollen.
Sondern lass uns fest stehen, und alles so
annehmen wie es kommt.

Segne uns, diesen Tag und alle, die mir
heute begegnen mögen –

Du, Gott Vater, Sohn und Hl. Geist

Guter Gott-

Du, unser aller Vater.

Am Morgen dieses neuen Tages

sagen wir Dir Dank, dass wir uns alle
als deine Kinder bezeichnen dürfen.

Das sprengt Mauern und überwindet
Trennungen zwischen uns Menschen –

wenn dieser eine Punkt ins Bewusstsein
aller Menschen dringt. „Wir sind
eins in Dir"

Lehre uns, in all unseren Mitmenschen
unsere Brüder und Schwestern zu sehen,
wie auch Jesus uns als die Seinen
bezeichnet hat.

Gib deinen Segen dazu –

Du - Gott, Vater, Sohn und Hl. Geist

Mein Herr Jesus Christus,

Du gehst mit mir durch jeden Tag. –
darauf vertraue ich und danke Dir.

Du begleitest mich bei allem, was ich tu
und stützt mich, wenn es schwer wird.

Darum beginne ich jeden Tag mit
Zuversicht und neuer Kraft.

Amen.

Stärke dieses Bewusstsein durch deinen
Segen.

Du - Gott, Vater, Sohn und Hl. Geist

Herr Jesus Christus,

Du mein Freund und Wegbegleiter.

Dir sagen wir Dank, für dein Wachen über uns in der Nacht und singen Dir Lob für den Beginn eines neuen Tages.

Begleite uns durch diesen Tag und steh uns zur Seite mit deinem Rat, wenn wir nicht weiter wissen. Stütze uns, wenn wir schwach werden – uns das Tagesgeschehen zu erschlagen droht. Darum bitten wir Dich.

Amen.

Im Namen des Vaters und des Sohnes

und des Hl. Geistes

Herr Jesus Christus,

In der vergangenen Nacht, hast Du an
meinem Bett gewacht – damit ich
ruhig schlafen konnte.
Ich danke Dir – Du, mein guter Hirte.
Du wachst über allen, Dir Anvertrauten,
und sorgst für uns.

Ich will Dich loben und preisen
für deine Nähe, in der Du Dich um uns
kümmerst.

Darum können wir Dich immer anrufen
und zu Dir uns wenden.

Amen.

Schenke uns deinen Segen für diesen Tag

– Du, Gott Vater, Sohn und Hl. Geist

Herr Jesus Christus,

Du bist der gute Hirte.

Hungernd und dürstend kommen wir
zu Dir.

Du sorgst für uns.
Du gibst uns, was wir zum Leben
brauchen und schenkst uns deine Liebe.

Du begleitest uns jeden Tag und lässt uns
nicht allein. In Not rettest Du uns.
Bei Unrast schenkst Du uns Ruhe.

Für all dies wollen wir Dir heute Morgen
danken und Dir neu unsere Liebe
schenken.

Gib uns neue Kraft für den heutigen Tag
und lass uns unseren Mitmenschen in
Frieden und in Liebe begegnen.

So segne Du uns –

Gott Vater, Sohn und Hl. Geist.

Lieber Gott,

In der Frühe komme ich zu Dir.

Noch umfängt mich Dunkelheit und lässt
mich warten und hoffen auf den
Sonnenaufgang.

Auf das Licht, das uns - wie all deine
Geschöpfe- erwachen und aufblühen
lässt. Ich danke Dir für das Licht. Und
bitte Dich: Lass mich nicht wandeln
im Finstern, sondern erhelle mein Leben.
Wie Du auch jeden neuen Tag
mit Helligkeit beschenkst.

Gib allen Menschen deinen Segen und
begleite Sie durch Ihren Tag. So auch uns.

- Du, Gott Vater, Sohn und Hl. Geist

Lieber Gott,

Ein neuer Tag beginnt.

Was uns alles erwartet, wissen wir noch nicht.

Lass uns zuversichtlich in diesen Tag gehen und aus allem das Beste machen.

Freude möge dieser Tag uns bringen –

Gib uns deinen Segen dazu -

Du, Gott Vater, Sohn und Hl. Geist

Danke, Oh Herr,
dass Du immer bei mir bist.
Danke, Oh Herr,
dass Du mich nie
vergisst.
Danke für jeden neuen Tag,
egal was er bringen mag.
Schenke uns deinen Segen –
Du, der Du bist vertraut mit
all unseren Wegen.
– Gott, Vater, Sohn und Hl. Geist

Herr, unser Gott,

Lass uns offen sein, für das,
was heute geschehen mag.

Lass mich ruhig, in der
Gewissheit deiner Begleitung,
voranschreiten.

Amen.

So gib uns deinen Segen –

Du, Gott Vater, Sohn
und Hl. Geist

Großer Gott - Du, unser Vater,

Ich danke Dir für mein Leben,

das Du mir gegeben.

Jeden Morgen neu lässt Du mich erwachen.

Schenke uns das Bewusstsein für dieses Geschenk.

Und hilf uns unser Leben nie abgetrennt von Dir zu leben.

Du bist mit uns. Und kümmerst Dich um uns- voll Liebe.

So bitte ich Dich auch für den heutigen Tag um deinen Segen - Gott Vater, Sohn und Hl. Geist

Guten Morgen lieber Vater.

Voll Hoffnung und Zuversicht

beginne ich einen neuen Tag.

Dein Versprechen ist,
dass Du immer bei mir bist.

Du begleitest mich auf all meinen Wegen
und bei all meinem Tun.

Stärke allzeit mein Vertrauen,

dass sich diese Gewissheit festigt.

Gib mir deinen Segen dazu –

Du, Gott Vater, Sohn und Hl. Geist

Gott – Du mein guter Vater,

Vertrauensvoll wage ich meine Schritte.

Meine Schritte in einen neuen Tag.

Meine Schritte auf zu dem, das kommen mag.

Du bist da! –
Das ist deine Verheißung.

Danke! Ich bitte Dich, dass Du mir die Richtung weist, wohin und wie ich gehen soll
und kann.
Amen.

Begleite mich mit deinem Segen –

Du, Gott Vater, Sohn und Hl. Geist

Guten Morgen Vater.

-Mein Vater im Himmel.

Ich beginne einen neuen
Arbeitstag.

Begleite und behüte mich.

- Darum bitte ich Dich.

So kann ich ruhig den

anstehenden Aufgaben

entgegenblicken.

Denn ich weiß:
Du stärkst mich,
um nicht aufzugeben.

Amen.

Im Namen des Vaters und des
Sohnes und des Hl. Geistes

Guten Morgen lieber Gott.

Segne diesen neuen Tag –

Und alles was er bringen mag.

Segne meine Familie

und meine Freunde.

Und all die Menschen,

die mich auf meinem Weg begleiten.

Sei ihnen nahe und schütze sie –

Du, Gott Vater, Sohn
und Hl. Geist

Herr – mein Gott,

Dankbar für einen neuen Tag,

erhebe ich mein Gebet zu Dir.

Du bist bei uns – zu aller Zeit.

Ich will Dich loben und preisen

für diese Gegenwärtigkeit, die Du uns zuteilwerden lässt.

Segne unsere Schritte, die wir tun.

So können wir Dir auf deinem Weg nachfolgen.

Amen.

Im Namen des Vaters und des Sohnes und des Hl. Geistes

Vater im Himmel,

Ich danke Dir,

dass Du mich in jeden neuen Tag
begleitest.

Auch, wenn ich es nicht bewusst
wahrnehme.

Zu viel schwirrt oft schon am Morgen
in unseren Köpfen herum.
Und belädt uns mit den wartenden
Aufgaben des Tages.

Stärke unser Vertrauen in deine
Allgegenwärtigkeit, damit wir uns
ruhig und mit Geduld
dem Tagesgeschehen stellen.

Amen.

Im Namen des Vaters und des Sohnes
und des Hl. Geistes

Mein Herr und mein Gott,

Ein neuer Tag hat begonnen.

Ich danke Dir für die Ruhe der Nacht.-

Den Schlaf, der mich wieder gestärkt den kommenden Ereignissen heute entgegengehen lässt.

Amen.

Ich bitte Dich um deine Begleitung

Und deinen Segen für diesen Tag –

Gott Vater, Sohn und Hl. Geist

Vater!

Stärke mich für den heutigen Tag.

Hilf mir, meine Vorbehalte zu überwinden,

Und mich mutig dem Kommenden

entgegen zu stellen.

Amen.

Im Namen des Vaters und des Sohnes

und des Hl. Geistes

Mein Vater im Himmel.

Ich starte in einen neuen Tag.

Wie es heute sein wird,

weiß ich nicht.

Lass mich entspannt,

im Vertrauen auf dein Beisein,

dem entgegenblicken und

alles annehmen und das Beste

daraus machen.

Stärke meine Geduld,

mit anderen und mit mir,

wenn mich etwas aufregt

und Druck hervorrufen will.

Amen.

Im Namen des Vaters und des Sohnes
und des Hl. Geistes

Gottes Liebe zu uns

Großer Gott- Du Herr des Himmels
und der Erde,

Am Tag der Auferstehung deines Sohnes danken wir, loben und preisen wir Dich, dass Du uns erlöst hast. Zuerst hast Du Dich ganz klein gemacht- Dich als Mensch auf unsere Ebene gestellt. Und mehr noch – hast Dich erniedrigt um uns zu dienen. Deine Liebe ist riesig, wir können sie nicht fassen.
Wir bitten Dich: Senke Liebe in die Herzen derer ein, die kalt und starr geworden sind – anderen Menschen weh tun, unterdrücken und zu ihrem eigenen Vorteil – skrupellos handeln.
Steh all denen bei, die Opfer dieser Machthabereien werden.

Und lass sie vertrauen, dass sie einst bei Dir ihren Platz haben werden.

Jesus ist uns voraus gegangen, um uns diesen Platz zu bereiten.

Amen.

Im Namen des Vaters und des Sohnes
und des Hl. Geistes

Auferstandener Herr Jesus Christus,

Wir wollen Dir danken,
für deine übergroße Liebe, in der
Du Dich für uns hingegeben hast.

So bist Du uns allgegenwärtig geworden.

Darum lass uns deine Anwesenheit spüren
und segne uns!

- Du, Gott Vater, Sohn
und Hl. Geist

Gott unser Vater,

Alles liegt in deiner Hand.

So wie Du die Welt erschufst
und den Mensch,

so lenkst Du unsere Geschicke.

Bei jedem Schritt, den wir machen, bist
Du bei uns. Und reichst uns deine Hand,
wenn wir wanken. Nach unserem freien
Willen, den Du uns geschenkt hast,
können wir sie ergreifen – um auf dem
Weg zu bleiben.

Auf Dich können wir vertrauen, denn Du
liebst uns und willst, dass es uns gut geht.

So gib uns auch deinen Segen.

Du, Gott Vater, Sohn
und Hl. Geist

Guter Gott, Du unser Vater,

Wer an Dich glaubt –

Dir vertraut –

Sich ganz in deine Hand begibt, dem kann nichts Schlechtes widerfahren.

Er wird immer der Hoffnung sein,

dass Du alles zum Guten führst.

Wir wollen Dich um diesen Glauben und Vertrauen bitten, um so frei von Sorge unseren Lebensweg zu gehen.

Amen.

Segne uns in deiner großen Liebe –

Du, Gott Vater, Sohn und Hl. Geist

Herr, mein Gott,

Ich danke Dir für deine Liebe.

Du willst nichts von uns –

forderst nichts von uns.

Wir müssen nicht versuchen Dir in irgendeiner bestimmten Weise gerecht zu werden. Du willst uns so wie wir sind.

Jeder von uns ist ein Gedanke von Dir.

Jeder ist einzigartig und von Dir geliebt.

Das ist so wunderbar, ich kann es nicht fassen. –

Lass es mich immer wieder spürbar erfahren, damit sich mein Glaube immer mehr festigt.

Amen.

Im Namen des Vaters und des Sohnes und des Hl. Geistes

Mein lieber Gott,

Wie wunderbar Du deine Sonne scheinen lässt.

Ihr Strahlen soll uns erfreuen und die Freude, die uns in deinem himmlischen Reich erwartet, erahnen lassen.

In dieser Freude wollen wir bewusst unser Leben leben und unseren Mitmenschen in Liebe begegnen und ihnen unsere Freude weitergeben.

Hilf uns dabei, stets zu unserem Glauben zu stehen und deine Heilsbotschaft zu verkünden.

Darum bitten wir Dich, unseren Herrn und Gott.

Amen.

Im Namen des Vaters und des Sohnes und des Hl. Geistes

Liebender Gott,

In deiner übergroßen Liebe

Begleitest Du uns stets den ganzen Tag.
Und schenkst uns Begegnungen mit
Menschen, die helfen und uns
Bestärkung erfahren lassen.

Menschen, die mir den Raum geben, der
zu sein, der ich bin – um frei atmen zu
können.

Ich danke Dir und lobe Dich -

Heute und in Ewigkeit.

Amen.

Im Namen des Vaters und des Sohnes
und des Hl. Geistes

Herr Jesus Christus,

Du bist allen Menschen in Liebe
begegnet.

Wir wollen uns bemühen, auch jeden so
anzunehmen wie er ist -

so wie Du uns annimmst. Mit all unseren
guten und schlechten Eigenschaften –
wie und wo wir diese erkennen.

Deine Augen sehen anders.

Lass uns die Stärken und Talente unserer
Mitmenschen wahrnehmen, und nicht
nur auf Äußerlichkeiten
und Fehler schauen.

Sende uns deinen Geist, damit wirkliche
Gemeinschaft unter uns entsteht.

Amen.

Im Namen des Vaters und des Sohnes
und des Hl. Geistes

Mein Gott -

Du, mein Vater, Bruder und mein Beistand. Ich danke Dir, dass Du Dich uns immer und immer wieder in deiner Vollkommenheit offenbaren willst. Wir können Dich in allen Lebenslagen anrufen- so wie es uns gut tut. Schenke uns das Vertrauen, dass Du jeden einzelnen hörst und Dich ihm annimmst und ernst nimmst. Du wendest Dich uns zu – denn Du willst unser Heil.

Darum will ich Dich loben und preisen in Ewigkeit,

Amen.

Im Namen des Vaters und des Sohnes und des Hl. Geistes.

Lieber Gott,

Du nimmst uns alle so an, wie wir sind.

Bei Dir müssen wir uns nicht verstellen.
Danke!

Du liebst uns - auch wenn wir das selber oft nicht verstehen können. Weil wir verlernt haben uns selbst zu lieben. Lehre uns mit deinen Augen zu sehen und unsere vielen Facetten zu erkennen – unsere Gaben, die Du uns geschenkt hast. Und wo und wie wir sie einsetzen können.

Amen.
Ich bitte Dich: Segne mich, mit all meinen Eigenschaften und Talenten, dass ich sie Dir zur Ehre einsetzen kann.-

Du, Gott Vater, Sohn und Hl. Geist

Herr, mein Gott,

Ich danke Dir für deine Liebe.

Du willst nichts von uns-

forderst nichts von uns.

Wir müssen nicht versuchen Dir in irgendeiner bestimmten Weise gerecht zu werden. Du willst uns so wie wir sind.

Jeder von uns ist ein Gedanke von Dir.

Jeder ist einzigartig und von Dir geliebt.

Das ist so wunderbar. Ich kann es nicht fassen. Lass es mich immer wieder spürbar erfahren, damit sich mein Glaube mehr und mehr festigt.
Amen.

Im Namen des Vaters und des Sohnes
und des Hl. Geistes

Lieber Gott,

Du siehst uns.

Du siehst, wohin wir gehen und
achtest auf uns.

Du siehst aber auch unser Inneres.
Unsere Gefühle und Beweggründe.

Ich danke Dir, dass Du bei mir bist-

auch wenn ich denke, dass mein Ich
Dir nicht gerecht ist.

Schenke mir das Vertrauen, dass Du uns
nie verlässt und uns immer wieder
Chancen gibst etwas zu ändern.

Darum loben und preisen wir Dich.

Amen.

Im Namen des Vaters und des Sohnes
und des Hl. Geistes

Gott- Du unser Vater.

Du hast uns berufen.

Berufen als deine Kinder,

deine große Liebe zu bezeugen.

Hilf uns sie bewusst wahrzunehmen,

und zu erkennen.

Denn deine Gedanken sind nicht die
unseren.

Du willst nur unser Heil.

Darum wollen wir versuchen,
Dir immer mehr ganz und gar
zu vertrauen.

Amen.

Lege deinen Segen auf uns –

Du, Gott Vater, Sohn und Hl. Geist

Oh Du, mein Gott!

Ich bin dankbar für die Zeit.

Für die Zeit, die Du mir schenkst, sie mit lieben Freunden und der Familie zu verbringen. -

Zeit der Freude und Erholung, in der wir so sein können, wie wir sind.

Amen.

Begleite uns mit deinem Segen –

Du, Gott, Vater, Sohn und Hl. Geist

Mein Gott, der Du bist mit uns -

Du hast uns das Heil gebracht.

Und bist zu uns auf die Welt gekommen.

Du wolltest Dich uns
näherbringen -

in menschlicher Gestalt.

Du wurdest nicht erkannt.

Und doch hast Du Dich für uns
hingegeben.
- hast den qualvollen Tod am Kreuz zu
unsrer Erlösung auf Dich genommen.

Deine Liebe ist so riesig!

Darum wollen wir Dich loben, preisen und
Dir Dank sagen in Ewigkeit.

Amen.
Im Namen des Vaters und des Sohnes
und des Hl. Geistes

Guter Vater,

Ich danke Dir, dass Du immer ein Auge auf mich hast und mich auffängst, wenn ich stolper.

Du birgst mich in deiner Hand und lässt mich gestärkt und voll Mut weitergehen.

Amen.

Schenke mir deinen Segen für meinen Weg –

Du, Gott Vater, Sohn und Hl. Geist

Mein Gott! Guter Vater,

Danke, dass Du immer bei mir bist
-auch wenn es mir nicht zu jeder Zeit
bewusst ist.

Gerade in den Zeiten, in denen wir uns so
abgekämpft fühlen,
stehst Du uns stützend zur Seite,
denn Du lässt uns nicht zugrunde gehen.

Schenke mir das Vertrauen in deine Hilfe,
wann immer wir sie brauchen!
Darum bitte ich Dich.
Amen.

Im Namen des Vaters und des Sohnes
und des Hl. Geistes

Herr, mein Gott!

Deine Liebe ist groß.

Nicht immer können wir sie
wahrnehmen,

weil uns unser Lebensalltag so
vereinnahmt, und
gedanklich beschäftigt.

Doch Du bist da – die ganze Zeit,

begleitest uns und gibst uns Halt.

Danken will ich Dir! Jetzt und in Ewigkeit.

Amen.

Im Namen des Vaters und des Sohnes
und des Hl. Geistes

Mein guter Gott,

Du bist so gütig mit mir!

Du hast Dich meiner erbarmt,

Und mir die Augen geöffnet,
für den Weg, den Du mir
bahnst.

Das nimmt die Last meiner
Gedanken um meine Zukunft
wieder von meinen Schultern.

Ich danke Dir so sehr! –
Du, mein Retter und Erlöser!

Jetzt kann ich wieder positiv nach
vorn schauen und beruhigt
Schritt vor Schritt setzen.

Amen.

Im Namen des Vaters und
des Sohnes und des Hl. Geistes

Herr Jesus Christus,

Du hast mich gelehrt, auf die guten
Seiten meiner Mitmenschen
zu schauen. Und nicht nur das zu
sehen, was mit meinen Ansichten
nicht stimmig ist.

Hilf mir aber auch,
meine positiven Eigenschaften
zu erkennen und mich anderen
gegenüber nicht schlechter zu stellen.

Wir sind alle deine Kinder.

Und Du liebst uns alle gleich.

Lass mich darauf fest vertrauen.

Amen.

Im Namen des Vaters und des Sohnes
und des Hl.Geistes

Barmherziger Gott,

In deiner Güte verzeihst Du

uns all unsere Sünden. Die Großen wie auch die Kleinen. Unachtsam ausgesprochene Worte, die verletzt haben. Hilf uns Frieden wieder herzustellen und zu stiften. Hilf uns, Worte der Liebe zu finden und zu sprechen, damit unser Zusammenleben gelingen kann.

Wir danken Dir, dass Du immer bei uns bist und uns nicht verlässt.

Amen.

Im Namen des Vaters und des Sohnes und des Hl. Geistes.

Vater im Himmel,

Du bist unendlich gütig.

Du bist voll von Gnade,

denn Du liebst uns.

Wenn wir unsere Schuld vor Dich
bringen,

hilf uns um Verzeihung zu bitten.

Amen.

Im Namen des Vaters und des Sohnes
und des Hl. Geistes

ORIENTIERUNG

Herr Jesus Christ,

Du bist gütig mit den Deinen.

Du lehrst uns und verkündest das Wort
deines Vaters.

Nie wirst Du müde, Dich um unsere
Aufmerksamkeit zu bemühen.
- wenn wir abschweifen oder doch nur
unser eigenes Wollen im Blick haben,
und nicht ausschauen, was Du für uns
bereithältst.

So bitte ich Dich:

Mache meinen Kopf frei und lass mich
klare Gedanken fassen, dass ich erkenne,
wie Du mich führen willst.

Amen.

Im Namen des Vaters und des Sohnes
und des Hl. Geistes

Mein Herr Jesus Christus,

Du gehst mit mir. – egal wohin.

Welche Richtung ich auch einschlagen
möge –

Du bist mir zur Seite.

Du willst uns zum Vater führen. Darum
gibst Du in Treue auf uns Acht.

Ich danke Dir für das Geschenk deiner
Liebe, und bitte Dich:
Lass alle Menschen spüren und erfahren,
dass Du für sie da bist.

Amen.

Im Namen des Vaters und des Sohnes
und des Hl. Geistes

Vater!

Vertrauensvoll komme ich zu
Dir!

Mit meinem Unwissen über
meine Zukunft.

Dem Unbehagen, ohne Plan
loszugehen.

Nimm Dich meiner an. Damit
ich spüre, dass das, was
geschieht,

mich auf den Weg führt, den
Du für mich bereithältst.

Amen.

Im Namen des Vaters und des
Sohnes und des Hl. Geistes

Oh Herr!

Zeig mir den Weg.

Die Richtung, in die es gehen kann
und geht.

Lass mich ruhig und geduldig bleiben

und deiner Führung vertrauen.

So werde ich es schaffen!

Amen.

Im Namen des Vaters und des Sohnes
und des Hl. Geistes

Hoffnung

Gott, unser Vater!

Zu Dir können wir mit allem kommen,
was uns beschäftigt. Du hörst uns zu
und schenkst Ruhe; damit wir uns nicht
hindern lassen vorwärts zu gehen. –
Du begleitest uns!
– Das sei uns stärkende Gewissheit.
Amen.
Segne und schütze uns –
Du, Gott Vater, Sohn und Hl. Geist

Mein Vater im Himmel,

Ich weiß, Du meinst es gut mit mir.
Manchmal sträube ich mich
dagegen, dies zu glauben.

Da überrollen mich meine
Gedanken über das, was geschieht
oder nicht nach Plan läuft. Schenke
mir Geduld. Geduld mit mir selbst.
Geduld für meine Vorhaben,
die noch Zeit zu ihrer Entfaltung
brauchen. Und Geduld bis die
Ergebnisse meines Tuns sichtbar
werden.
Stärke meinen Geist!

So kann ich es schaffen.

Amen.

Im Namen des Vaters und
des Sohnes und des Hl. Geistes

Kraft(tanken)

Herr, unser Gott,

Oft sind wir überfordert –

Mit all den Aufgaben, die uns
aufgetragen sind, oder
die wir uns selbst an den Tag stellen.

Stärke uns dann, und lass uns den
Glauben an uns selbst und an unsere Kraft
nicht verlieren.

So können wir es schaffen – ohne zu
verzagen.

Amen.

Im Namen des Vaters und des Sohnes
und des Hl. Geistes

Oh Herr!

Im Getriebe dieses Tages danke ich dir für
die Pause, die Du mir schenkst.

zum Atemholen, zum Krafttanken für
das, was heute noch kommen mag.

Danke, dass Du mir Zeiten der Ruhe und
Erholung schenkst. So können wir immer
wieder neu beginnen.

Amen.

Im Namen des Vaters und des Sohnes
und des Hl. Geistes

Herr Jesus Christus,

Manchmal weiß ich überhaupt nicht, was um mich herum alles geschieht.

Oft ist so viel los, dass einem der Kopf schwirrt.

Schenke mir dann Ruhe, damit ich mich neu ordnen kann, und das Vertrauen, dass Du bei mir bist und mich stützt.

Amen.

Im Namen des Vaters und des Sohnes und des Hl. Geistes

Allmächtiger Gott,

Du kennst uns. Du weißt was uns bewegt.

Du kennst auch unsere Sorgen.

Wenn wir mit dem Schicksal hadern,

sei Du unsere Kraft.

Und schenke uns den Mut,

weiter zu gehen.

Lass uns Dir vertrauen,

dass Du die Macht dazu hast,

alles zum Guten zu wenden.

Amen.

Im Namen des Vaters und des Sohnes

und des Hl.Geistes

Mein Vater im Himmel,

Ich weiß, Du meinst es gut mit mir.
Manchmal sträube ich mich
dagegen, dies zu glauben.

Da überrollen mich meine
Gedanken. -

Über das, was geschieht oder
nicht nach Plan läuft.
Schenke mir Geduld.
Geduld mit mir selbst.
Geduld für meine Vorhaben,
die noch Zeit zu ihrer
Entfaltung brauchen.

Und Geduld bis die Ergebnisse

meines Tuns sichtbar werden.

Stärke meinen Geist!

So kann ich es schaffen.

Amen.

Im Namen des Vaters und des
Sohnes und des Hl. Geistes

Herr! Du mein Gott.

Erhelle mich mit deinem Licht.

So können Dunkelheiten in meinem
Leben mich nicht zerdrücken.

Wenn wir uns kraftlos und ratlos fühlen,
eilst Du uns zur Hilfe.

Du richtest uns auf, und gibst uns neue
Kraft um weiter unseren Weg zu gehen.

Lass mich dessen immer wieder
bewusst werden – Darum bitte ich Dich.
Amen.

Im Namen des Vaters und des Sohnes
und des Hl. Geistes

Hilferuf

Oh Herr,

Ich rufe zu Dir!

Eile mir zu Hilfe
in meinen Bedrängnissen.

Zeige mir, was zu tun ist und lege mir
die rechten Worte in den Mund,
damit Frieden herrsche.

Stärke mich! - im Vertrauen auf
deinen schützenden Beistand.

Amen.

So stelle ich mich unter deinen Segen.
- Gott Vater, Sohn und Hl. Geist

Mein Gott,

Wie komme ich da nur wieder heraus?

Aus der Verwirrung meiner Gedanken

über mein Tun und die Reaktion meiner

Mitmenschen?

Steh mir zur Seite mit deinem Rat und

bewahre mein Denken, Reden

und Empfinden.

Amen.

Im Namen des Vaters und des Sohnes

und des Hl. Geistes.

Oh Herr - mein Gott.

Manchmal ist es wie verhext.

Da läuft einfach alles schief.

Bewahre uns vor zu viel
Eigen – Anschuldigung.
Damit wir nicht an uns selbst verzweifeln.

Sondern stärke unser Selbstvertrauen und
das Vertrauen, dass Du zu uns stehst
in aller Unzulänglichkeit,
die wir verspüren.
Und dass uns alles zum Guten dient.

Darum bitte ich Dich, Guter Vater,

Amen.

So erbitte ich deinen Segen –

Gott Vater, Sohn und Hl.Geist

Lieber Gott- Sieh mich an!

Ich rufe zu dir!

Ich bin erschöpft; nur weiß ich nicht
genau warum.

Nimm dich meiner an,

damit ich wieder zu Ruhe, Kraft
und Klarheit komme.

Amen.

Im Namen des Vaters und des Sohnes
und des Hl. Geistes

Herr – Du mein Helfer,
Mein Retter in Not.

Zu Dir schreie ich. Ich bitte Dich:

Hilf mir, denn ich fühle mich so hilflos.

Muss ich doch krank darnieder liegen,

und kann nur schauen, was um mich
herum geschieht.

Doch zu Dir kann ich beten –Du nimmst
jedes Stöhnen und Ächzen in unseren
Nöten als Gebet an.
Du eilst um uns zu helfen.

Du rettest mich vor Mutlosigkeit

und Selbstaufgabe.

Meine Freude am Leben möge
zurückkehren –

darum wende Dich mir gnädig zu.

Amen.

Im Namen des Vaters und des Sohnes
und des Hl. Geistes

Gott, unser Vater,

Manchmal können wir nur Lasten in
unserem Leben sehen.
Und wir leiden darunter.

Steh mir bei und hilf mir!

Mit deiner Kraft und Ruhe kann ich es
schaffen.

Schenke mir in der Ruhe deinen Hl. Geist,

damit ich erkenne, ob Du mich andere
Wege schicken willst als wie ich denke.

Amen.

Ich lobe und preise Dich.

Gib Du mir auch deinen Segen –

Gott Vater, Sohn und Hl. Geist

Oh Herr!

Ich rufe zu Dir.

Ich bin ausgelaugt.

Doch weiß ich nicht warum!

Irgendetwas treibt mich um.

„Erlöse mich, Herr Jesus Christ!"

Ich bitte Dich!

Ich fühle mich so hilflos,

weil ich ratlos bin.

Auf deine Hilfe hoffe ich.

Und kann darauf vertrauen.

Denn Du bist unser Erlöser.

Unser Retter in aller Not.

Stärke mich mit deinem Segen –

Du, Gott Vater, Sohn und Hl. Geist.

Oh Herr!

Ich bin so erschöpft.

Gib mir neue Kraft, damit

ich den Tag schaffen kann.

Ich fühle mich getrieben.

Getrieben von eigenem Druck –

der sich durch die äußeren Strukturen
aufbaut.

Hilf mir!

Löse meine Anspannung und lass mich

zuversichtlich und ruhig

in den nächsten Tag gehen.

Amen.

Im Namen des Vaters und des Sohnes
und des Hl. Geistes

Herr- mein Gott!

Schenke mir Ruhe -

denn mein Geist ist aufgerieben.

Ich werde hin- und hergezerrt.

Ich finde keinen Halt
um fest stehen zu bleiben.

Fass mich bei der Hand,

damit ich das loslassen kann,

was mich ins Verderben

ziehen will.

Amen.

Im Namen des Vaters

und des Sohnes und des Hl. Geistes

Oh Herr!

Ich erhebe meinen Geist
zu Dir.

Sag mir was ich tun kann,

damit ich zur Ruhe komme,

und geduldig ausharre auf das,

was ich hoffe, es möge
geschehen.

Ich flehe Dich an! –

Nimm Dich meiner an!

Amen.

Im Namen des Vaters und des
Sohnes und

des Hl. Geistes

Oh Herr!

Stärke mich mit deinem Segen.

Damit ich mich nicht

unterkriegen lasse, und

mir selbst treu bleibe.

Denn meine Situation zermürbt mich.

Amen.

Im Namen des Vaters und des

Sohnes und des Hl. Geistes

Herr! Hilf mir!

Hilf mir zu vertrauen, dass alles, was in meinem Leben geschieht, mir zum Guten dienen soll.

Mich fördern und lehren mir selbst zu vertrauen und mich nicht gering zu schätzen.

Stärke mich für meinen Lebensweg, der so einzigartig ist, so wie du jeden von uns erschaffen hast.

Du hast uns deinen Hl. Geist gesandt,

der uns beistehen soll in unserem Handeln.

Amen.

Segne mich, damit ich mutig allen und allem entgegentrete. –

Du, Gott Vater, Sohn und Hl. Geist

SCHUTZ

Großer Gott,

Ein starker Retter bist Du.

Rette uns vor allem Bedrohlichen dieser Welt.

Aber rette mich auch vor meinen Ängsten, Zweifeln und Sorgen, welche drohen mich niederzureißen.

Du hast die Macht dazu und ich vertraue Dir. Lass mich nicht wanken, in der Gewissheit – Du bist da, zu jeder Zeit.

Amen.

So bitte ich um deinen Segen.-

Du, Gott Vater, Sohn und Hl. Geist

Vater im Himmel,

Ich bitte Dich um Segen.

Um Segen für all mein Tun.

Um Segen für die Menschen, die mir begegnen.

Um Segen für das, was kommen mag und wie ich damit umgehe.

Lass uns unter deiner Hand sicher gehen.

Amen.

– Im Namen des Vaters und des Sohnes und des Hl. Geistes

Herr – unser Gott,

Du umgibst uns von allen Seiten.

Du hüllst uns ein in deine schützende
Gegenwart.

So kann uns nichts anhaben.

Wir wollen uns ganz darin geborgen
fühlen.

Darum bitten wir.

Dass wir uns ganz Dir geben können im
Vertrauen auf deinen Schutz, Führung
und deine große Liebe, in der Du uns nie
fallen lassen könntest.
Amen.

Im Namen des Vaters und des Sohnes
und des Hl. Geistes

Herr Jesus Christus,

Sohn des Vaters,

Du hast die Macht bekommen zu heilen.

Berühre auch mich mit deinen heilenden Händen.

Lass mich spüren, dass Du mir beistehst in allem Leiden.

Amen.

Im Namen des Vaters und des Sohnes und des Hl. Geistes.

Heilige Maria – du unsere Mutter,

bitte für mich.

Herr – unser Gott,

Du umgibst uns von allen Seiten.

Du hüllst uns ein in deine schützende
Gegenwart.

So kann uns nichts anhaben.

Wir wollen uns ganz darin geborgen
fühlen.
Darum bitten wir.

Dass wir uns ganz Dir geben können im
Vertrauen auf deinen Schutz, Führung
und deine große Liebe,
in der Du uns nie fallen lassen könntest.
Amen.

Im Namen des Vaters und des Sohnes
und des Hl. Geistes

Vater unser –

Du, Herr dieser Welt,

Sei mit deiner Schöpfung.

Führe alles was lebendig ist zu
dem Zusammenleben, für das
Du es gedacht hast.

In Frieden, Einheit und
Gerechtigkeit.

Hilf uns, mitzubauen und
Verantwortung zu übernehmen.

Begleite uns mit deinem Segen,
dass wir voll Kraft in jeden neuen
Tag gehen.

Amen.

So segne uns dreieiniger Gott –
Vater, Sohn und Hl. Geist

Herr, mein Gott,

Wir dürfen uns

geborgen wissen bei Dir.

Du umhüllst uns mit

deiner Gegenwärtigkeit.

Hilf uns, bewusst hinzuspüren

Und deine Nähe zu erkennen.

Amen.

Im Namen des Vaters und

des Sohnes und des Hl. Geistes

Gebet in Bedrohung durch Naturkatastrophen

Herr Jesus Christus -

der Du in Einheit mit dem Vater herrschst über das All, gebiete Einhalt der Natur, wenn sie zerstörerische Kräfte entwickelt und unser Leben gefährdet.

Sei mit uns – besonders mit denen, die in bedrohten Gebieten wohnen.

Schenke Ihnen das Vertrauen auf deine Hilfe und dass Du sie in ihrer Situation nicht alleine lässt,

Amen.

Im Namen des Vaters und des Sohnes und des Hl. Geistes.

Gebet in Bedrohung
durch den "Corona-Virus"

Großer Gott- allmächtiger
Gott!

Sieh gnädig auf uns nieder.

Wir sind bedroht.

Bedroht von etwas Unscheinbaren.

Es macht uns Angst und wir fühlen

uns hilflos. Und doch gibt es viele,

die sich selbstlos für die vielen
anderen einsetzen.

Segne sie, oh Herr! Und vergelte
ihnen all dies Gute, das sie tun.

Schenke uns den Lebensmut um
weiter auf unserem Weg zu gehen

und lass uns deiner Führung und
Hilfe vertrauen.

Amen.

Stärke uns mit deinem Segen –

Du, Gott Vater, Sohn und Hl. Geist

Segen zu Schutz, Hoffnung und Kraft

Gottes Segen
breite sich auf uns alle aus

– wie ein Schutzmantel.

Sein Segen lasse unsere Hoffnung

nicht schwinden und gebe uns
Kraft

für alles Kommende.

So segne uns,
Du allmächtiger Gott –

Gott Vater, Sohn und Hl. Geist

Immanuel –Treuer Wegbegleiter

Allmächtiger Gott,

Du begleitest uns durch alle Zeiten.

Du hast uns erschaffen und gehst mit uns – bleibst uns treu zur Seite. Auch wenn viele von Dir abfallen mögen. Du hast die Sünde der Welt gelöst durch das Opfer deines Sohnes – unseres Herrn Jesus Christus.

Wir loben und preisen deine Liebe zu deinen Geschöpfen und bitten Dich:

Segne uns und schenke uns deinen Frieden.

Amen.

Im Namen des Vaters und des Sohnes und des Hl. Geistes

Vater im Himmel,

Ich weiß Du stehst mir bei.

Egal was los ist.

Wenn Sorgen mich bedrücken, versuchst Du sie mir zu nehmen und meinen Blick nach vorn zu richten. Und wenn ich beginne mir selbst Schuld aufzuladen, so lenke meinen Blick auf das Gute, das ich getan und bewirkt habe.

Amen.

Ich bitte Dich um deinen Segen, für mich und die Menschen, mit denen ich zusammenlebe.
– Du Gott Vater, Sohn und Hl. Geist

Gott, unser Vater,

Du bist vertraut mit all unseren Wegen.

Wir brauchen uns nicht zu fürchten,

mutig voranzuschreiten –

denn Du bist bei uns. Schenke uns dieses Vertrauen auf deine Allgegenwart und stärke es jeden Morgen neu, damit unser Glaube immer fester wird.

Amen.

So bitten wir Dich.

segne uns und unsere Wege. -

Du, Gott Vater, Sohn und Hl. Geist

Gott – Du bist mit uns.

So hast Du Dich in deinem Sohn offenbart – Immanuel.

In deinem Namen hat er gewirkt – wo man ihn ließ.

Er hat sich Denen angenommen, auf die niemand geschaut hat. Er hat sie – und damit uns alle – als seine Schwestern und Brüder bezeichnet. So nah bist Du uns auf Erden gekommen.

Er hat geheilt, bestärkt, getröstet und damit dein Heil verkündet. Heute schickst Du Menschen aus, die genau diese Aufgaben mit ihren Talenten , die Du ihnen gabst, übernehmen können.

Dein Heil kann uns überall begegnen. Hilf uns, es zu erkennen und wo Du Dich uns offenbaren willst.

Amen.

Im Namen des Vaters und des Sohnes und des Hl. Geistes

Herr, mein Gott – Du unser Begleiter.

Du bist mit uns,

bei allem, das in unserem Leben geschieht.

Bei dem, das ungewiss ist und Unbehagen

in uns auslöst,

sei uns mentale Stütze.

Lass uns dem ruhig entgegenblicken.

- So bitte ich Dich!

Amen.

Im Namen des Vaters und des Sohnes und des Hl. Geistes

Jesus! Du mein Schutz und Wegbegleiter.

Du gibst Acht auf uns.
Wie ein großer Bruder
auf seine Geschwister.

Geschwister sind eins, denn sie haben
die gleiche Abstammung.
Darum können wir uns
dir ganz nah fühlen.
Danke.

Lass uns dir Alles anvertrauen.
Denn so können wir zu
innerer Ruhe kommen.
Amen.

Ich bitte dich:
Umgib uns auch mit deinem Segen
- Du, Gott, Vater, Sohn und Hl. Geist

Guter Gott - Du, mein Vater,

Halte mich fest an der Hand,

auf dem Weg, den Du mich führst.

So kann ich nicht ins Straucheln geraten.

Wenn ich mich von eigenen Gedanken

verwirren lasse.

Ich vertraue auf deinen Schutz,

denn Du lässt uns nicht zugrunde gehen.

Ich bitte Dich:

Segne und bestärke mich –

Du, Gott Vater, Sohn und Hl. Geist

Herr - Du mein Hirte,

Du führst mich.
– leitest mich

deine rechten Wege.

Und holst mich zurück, wenn ich
verloren gehe.
Du schenkst mir Ruhe und
deinen Frieden. Dass wir unbekümmert
leben können – im Vertrauen auf Dich,
dass es uns an nichts fehlen wird.

Darum danken wir Dir und singen Dir
unser Lob jetzt und in Ewigkeit,

Amen.

Im Namen des Vaters und des Sohnes
und des Hl. Geistes

(angelehnt an Psalm 23)

Herr, mein Gott,

Du leitest mich auf den Pfaden

des Lebens. Für uns mögen sie

verworren und unsicher
erscheinen.

Weil wir nicht vorausblicken
können,

was wir so gerne tun würden.

Dies steht nur Dir zu.

So nimm mich bei der Hand
und lass mich Dir
ganz und gar vertrauen.

und darin nicht wanken.

Amen.

Ich bitte Dich:

Stärke mich mit deinem Segen-

Du, Gott Vater, Sohn

und Hl. Geist

Herr Jesus –
der, Du bist mit dem Vater.

Sei mein stützender Begleiter

durch jeden Tag.

Führe mich auf den Wegen meines

Lebens und beruhige mich,

wenn ich ratlos hin- und her -
überlege, was zu tun ist.

Lass mich vertrauensvoll und
mutig vorwärts gehen.

Denn Du willst nur

Unser Bestes.

Amen.

Im Namen des Vaters und des Sohnes

Und des Hl. Geistes

Mein Herr – mein Gott!

Du bist hier bei mir.

Das kann ich spüren,

wenn ich mich

auf Dich besinne.

Du willst mich begleiten –

in und durch jeden

neuen Tag.

Du bist mir zur Seite,

wenn ich nach Dir ausschaue.

Schenke und stärke mir

diese Gewissheit.

Amen.

Namen des Vaters und des Sohnes

Und des Hl. Geistes

Guter Vater!

Du lenkst unsere Wege.

Es ist oft so schwer auszuharren

bis die nächste Wegbiegung

genommen ist;

und nicht vorher um
die Kurve sehen zu können!

Stärke mein Vertrauen

in deine Führung.-

welche mich zur Erfüllung

meines Lebens führt.

Amen.

Im Namen des Vaters und

des Sohnes und des Hl. Geistes

Jesus - Du, mein Wegbegleiter!

Du weichst uns nicht von der Seite.

Stützt uns und gibst uns Halt,

wenn wir kraftlos werden.

Wenn wir uns übernehmen wollen,

gebiete uns Einhalt.

Lehre uns zu erkennen,

wo unsere Grenzen liegen

und sie auch zu akzeptieren.

Amen.

Segne uns und

unsere guten Absichten –

Du, Gott Vater, Sohn

und Hl. Geist

Guter Gott,

Du bist an unserer Seite –

Bei Tag und bei Nacht.

Du gibst auf uns Acht

Und stärkst unsere Kraft

um nicht aufzugeben;

wenn uns unser Tun und

Denken zur Last wird.

Ich danke Dir – Du, mein Hirte.

Amen.

Im Namen des Vaters und des
Sohnes und des Hl. Geistes

Herr, mein Gott.

Du bist ein treuer Freund,

der immer zu mir hält.

Ich bin Dir so dankbar dafür.

Lass uns spüren, wie Du Dich in uns nahestehenden

Personen offenbarst und leitest.

Du nimmst uns an der Hand.

Und führst uns. -

Jeden Menschen seinen eigenen Weg.

Daran dürfen wir glauben. Dass Du uns nicht allein lässt, egal wie verquer wir manchmal laufen.

Du nimmst uns an und schenkst uns Raum und Zeit.

Darum singen wir Dir Lob und Preis, Halleluja.

Im Namen des Vaters und des Sohnes und des Hl. Geistes.

Mein Glück, Oh Herr,

liegt allein bei Dir.

Lehre mich, Dir ganz zu vertrauen.

Und fasse mich, wenn ich drohe
abzufallen.

Du willst mir dein Heil schenken.

Damit mein Inneres zur Ruhe kommt.

Ich danke Dir dafür, mein Gott.
Und bitte Dich:

Gib Dich mir zu erkennen, in allem, was
da ist und geschieht – Führe mich auf
meinem Weg und stärke meinen Geist zu
deiner Nachfolge.

Amen.

Im Namen des Vaters und des Sohnes
und des Hl. Geistes

Guter Gott,

Du lenkst unsere Schritte –

Ob wir sie gehen bleibt uns überlassen,
nach unserem freien Willen.
Wenn wir Dir vertrauen führst Du uns auf
den Weg des Heils.

Darum bitte ich: Lass mich an Dir
festhalten und nicht abbringen lassen
von weltlichen Einflüssen.

Amen.

So segne mich und meine
Entscheidungen. -

Du, Gott Vater, Sohn und Hl. Geist

Herr – mein Gott!

Du bist da. Immer!

Da können wir uns sicher sein.

Und ich danke Dir dafür.

Ich bitte Dich, dass Du mich deine Nähe

in den alltäglichen Gegebenheiten

immer mehr erkennen lässt.

So kann ich ohne Sorge in jeden
neuen Tag gehen.

Amen.

Begleite uns mit deinem Segen.

– Du, Gott Vater, Sohn
und Hl. Geist

Gott, unser Vater,

Zu Dir können wir mit allem
Kommen, was uns beschäftigt.

Du hörst uns zu und schenkst Ruhe,
damit wir uns nicht hindern lassen,
vorwärts zu gehen.

Du begleitest uns.
Das sei uns
Stärkende Gewissheit.
Amen.

Segne und schütze uns

– Du, Gott Vater, Sohn
und Hl. Geist

Guter Gott,

Lass mich leben nach deinem Sinn.

Führe und leite mich an.
– So bitte ich mit Hoffnung.

Mit dir als meinen Hirten kann mir nichts anhaben.

Amen.

Stärke und begleite mich mit deinem Segen.

- Du, Gott Vater, Sohn und Hl.Geist

Lob, Preis & Dank

Herr, Du mein Gott.

Ich lobe und preise Dich.

Jeden Tag lässt Du mich deine Herrlichkeit in deiner Schöpfung sehen. Verzeih bitte, dass wir sie oft nur an schönen Tagen wahrnehmen.

Jeden Tag schenkst Du uns auch deine Liebe – hilf uns, sie zu spüren und zu erkennen, was deiner Liebe entspringt.

Sende uns deinen Hl. Geist, damit wir Zeugnis geben für deine Größe.

Segne uns und alles, was da ist und in deinem Sinn geschieht.

– Du, Gott Vater, Sohn und Hl. Geist.

Großer Gott –

Du Herr der Herrlichkeit.

Loben und preisen wollen wir Dich, dass Du unseren Lebensraum so wunderbar gestaltet hast. Die Schönheit deiner Schöpfung bringt Dir selbst Ehre dar.

So wollen auch wir Dir Ehre darbringen in guten Taten – die unsere Seele schöner machen. Lenke unseren Blick ab von dem vielen Belanglosen dieser Welt hin zu dem was wirklich wichtig ist. Wo mein Tun gefordert ist und ich helfen kann

Ich bitte Dich: lass mich in meiner Liebe zu Dir die Liebe zu allem, was deine Hände geschaffen haben, entdecken und auch so zu handeln.

Amen.

Im Namen des Vaters und des Sohnes und des Hl. Geistes.

Großer Gott – Du, unser Vater,

Ich danke Dir für mein Leben,

das Du mir gegeben.

Jeden Morgen neu lässt Du mich erwachen. Schenke uns das Bewusstsein für dieses Geschenk. Und hilf uns unser Leben nie abgetrennt von Dir zu leben.

Du bist mit uns. Und kümmerst Dich um uns voll Liebe.

Amen.

So bitte ich Dich um deinen Segen für mich und meine Mitmenschen

– Gott Vater, Sohn und Hl. Geist

Gott - Du mein König,

Dein leuchtendes Antlitz wird uns durch
das Strahlen der Sonne gewahr. Es zeigt
uns deine Herrlichkeit.
Du bescheinst alle guten aber auch alle
Schattenseiten unseres Lebens.
Du machst das Dunkle hell und lässt uns
nicht wandern auf finsteren Wegen. Du
zeigst uns die Wege auf und rufst uns auf,
Dir nachzufolgen.
Lass uns aufmerksam hinhören auf
welchen Weg Du uns rufst.

Segne unsere Sinne, dass wir Dich
erkennen.

- Du, Gott Vater, Sohn und Hl. Geist

Oh, Du mein Gott!

Wie wunderbar sind deine Taten.

Alles hast Du erschaffen. Uns und die Erde, die uns Lebensraum ist.

Den Himmel und alle Gestirne.
Die Sonne, die uns das Licht spendet und alles auf Erden wachsen und gedeihen lässt. Mit dem Quell des Wassers.

Ich will Dich rühmen -Du, Herr der Herrlichkeit.

Du weißt, was deine Geschöpfe zum Leben brauchen, und gibst es zur rechten Zeit.
. Dir danken und loben soll Dich alles, was da ist und lebt. Besonders wir – die wir uns als deine Kinder bezeichnen dürfen.
Durch unseren Bruder und Herrn Jesus Christus.
Lass uns Dir treu bleiben und Dir immer die Ehre erweisen, die Dir gebührt – für alles, was uns in unserem Leben gegeben ist.

Segne uns und alle Werke deiner Hände –

Du, Gott Vater, Sohn und Hl. Geist

Alles, was atmet, lobe den Herrn!

Dieser Zuruf gilt Dir - Du, unser Gott.

All deine Geschöpfe sollen Dir singen

und jubeln über
deine wunderbaren Taten.

Besonders wir - deine Kinder. Wie Du uns
so liebevoll nennst.
Jeden von uns hast Du Dir voller Liebe
einzigartig und besonders erdacht.

Umeinander sollen wir uns kümmern und
füreinander da sein, mit den speziellen
Eigenschaften, die Du jedem einzig
gegeben hast.

Amen.

Schenke uns auch deinen Segen –

Gott Vater, Sohn und Hl. Geist

Guter Gott,

Mein Lob will ich Dir singen.
Loben deine Herrlichkeit und das Werk
deiner Schöpferhände.
Wie schön Du doch unsere Lebensumwelt
geschaffen hast - mit all seinen Farben
und lebendigen Sprießen.

Hilf uns in Einklang mit deiner ganzen
Schöpfung zu leben,
und sie nicht nur zu benutzen.

Wir bitten Dich: Sende deinen Hl. Geist
über die Erde damit es gelingen kann und
auch die Völker in Frieden leben.

Amen.

So bitte komm und segne uns.

- Du, Gott Vater, Sohn und Hl. Geist

Großer Gott,

wir loben Dich.

Für all deine Werke.

Für deine Schöpfung.

Du hast uns erschaffen als dein Abbild.

Hilf uns dem nachzukommen.

Jesus Christus- dein Sohn- hat uns den
Weg gezeigt. Stärke uns ihn zu gehen
und Dir nachzufolgen.

Auch, wenn es hart ist und wir uns fragen,
was wir schon erreichen können bei all
der Schlechtigkeit in unserer Welt.

Schenke uns das Vertrauen, dass Du am
Ende aller Tage dein gerechtes Urteil über
alle sprichst.

Und lass uns nicht müde werden für dein
Reich zu kämpfen.

Amen.

Im Namen des Vaters und des Sohnes
und des Hl. Geistes

Großer Gott,

Du, Schöpfer allen Lebens.

Dir wollen wir danken für unser Leben.

Und für alles, was Du uns dazu gibst, damit es gelingt.

Hilf uns, den unsrigen Teil für den Erhalt dieser Erde – unseres Lebensraums – zu tun. Und sei uns gnädig, wenn wir unachtsam oder gewissenlos gehandelt haben.

–So bitten wir um deinen Geist –

uns zu lenken und zu führen.

Amen.

Im Namen des Vaters und des Sohnes und des Hl. Geistes

Großer Gott,

Wir danken Dir für unser Leben.

Nach deinem Willen hast Du uns erschaffen und den Lebensatem eingeblasen.

In deiner Güte gibst Du uns alles, was wir zum Leben brauchen in Fülle. In deiner Barmherzigkeit verzeihst Du uns unsere Sünden und bist uns gnädig, wenn wir es nicht immer verstehen nach deinem Sinn zu leben.

So zeigst Du Dich in deiner großen Liebe als unser Vater. Du begleitest und kümmerst Dich um uns. Du holst uns zurück, wenn wir verloren gehen – wie ein guter Hirte seine Schafe.
Amen.

Darum loben und preisen wir Dich
und bitten –

Sei auch bei uns an diesem neuen Tag und schenke uns deinen Segen.

– Du, Gott Vater, Sohn und
Hl. Geist.

Gott, unser Vater,

Ich danke Dir für die Zeit.

Für die Zeit meines Lebens.

Für die Zeit, die Du uns schenkst um sie anderen Menschen zu schenken.

Menschen, die uns lieb sind.

Und Menschen, die besonders der Erfahrung deiner Nähe bedürfen.

Du schenkst uns aber auch die Zeit für uns selbst, in der wir bei Dir Kraft tanken können, um sie weiterzugeben.

Ich bitte Dich: Sei Du uns immer Quelle
und lass uns nicht
im Vergänglichen suchen.
Amen.

Segne uns in deiner Liebe, und all unsere
Mitmenschen.-
Du, Gott Vater, Sohn und Hl. Geist

Mein Gott,

Wie herrlich bescheinst Du unsere Welt.

Die Sonne aus deiner Hand gemacht.

Am Tage uns entgegen lacht.

Ihr Strahlen uns erfreut,

und jeden Tag wieder erneut.

Danken wollen wir Dir für unser Leben,

das Du uns gegeben.

Ich bitt'

Schenk mir auch deinen Segen.

- Gott Vater, Sohn und Hl. Geist.

Mein Gott -

Der Du bist mit uns.

Du hast uns das Heil gebracht

Und bist zu uns auf die Welt gekommen.

Du wolltest Dich uns näherbringen,

in menschlicher Gestalt.

Du wurdest nicht erkannt. Und doch

Hast Du Dich für uns hingegeben.

Hast den qualvollen Tod am Kreuz zu unsrer Erlösung

auf Dich genommen.

Deine Liebe ist so riesig.

Darum wollen wir Dich loben, preisen und Dir Dank sagen

in Ewigkeit.

Amen

Im Namen des Vaters und des Sohnes und des Hl. Geistes

Großer Gott,

Ich lobe Dich!

Ob deiner großen Güte,

die Du uns - deinen Kindern -

allzeit erweist.

Du wendest Dich uns zu,

wann immer wir Dich anrufen.

Du hilfst uns aus aller Not –

aus äußeren und inneren Bedrängnissen.

Stärke unser Vertrauen – denn Du bist

uns treu und wirst es immer sein.

Amen.

Im Namen des Vaters und des Sohnes
und des Hl. Geistes

Lieber Herr Jesus Christ.

Danke, dass Du zu uns auf die Welt
gekommen bist.

Danke, dass Du Dich für uns
hingegeben hast,

und uns hilfst zu tragen
unsres Lebens Last.

Amen.

Im Namen des Vaters und des Sohnes
und des Hl. Geistes

Vater- der Du bist im Himmel,

Du liebst alles, was Du geschaffen hast.

Besonders liebst Du uns, deine Kinder.

So kümmerst Du Dich um uns, bei Tag und bei Nacht und gibst uns täglich das, was wir zum Leben brauchen.

Dafür danken wir Dir und loben und preisen wir Dich.

Wir bitten: Lass uns deine Liebe und Gegenwart heute bewusst spüren und Dich und dein Wirken in allen Begegnungen und Begebenheiten erkennen.

Amen.

So sende uns deinen Hl. Geist und lass uns unter deinem Segen gehen.

Im Namen des Vaters und des Sohnes und des Hl. Geistes.

Großer Gott,

Ich preise deine Herrlichkeit.

Du lässt die Sonne jeden Tag wieder und
wieder aufgehen. Ich danke Dir
für das Licht. Und die Gaben der Erde
aus deinen Händen, die wir zum Leben
brauchen. Ich danke Dir auch für die
Menschen, die mich in meinem Leben
begleiten und die mir begegnen.
Sie alle stammen von Dir ab, so wie auch
ich. Wir wollen einander helfen,
Dir nachzufolgen – so wie Du es für
jeden Einzelnen gedacht hast.

Amen.

So bitten wir Dich an diesem Morgen.

Begleite Du uns mit deinem Segen –
Du, Gott Vater, Sohn und Hl. Geist

Danke Vater!

Für deine Schöpfung.

Für unsere Erde, die Du uns –

deinen Geschöpfen – als Lebensbasis

erschaffen hast.

Wenn wir still werden, können wir sie
hören und bewusster sehen.

- Ihre Schönheit und ihre Lebendigkeit.

Schenke uns Aufmerksamkeit.

Und den Willen, uns für deine ganze
Schöpfung einzusetzen.

Amen.

Im Namen des Vaters und des Sohnes
und des Hl. Geistes

Abendgebete

Herr, unser Gott.

Ich danke Dir für diesen bald
vergangen Tag.

Ich danke Dir für die Helligkeit, die auch unser Gemüt hell werden lässt. Du bist die Freude und schenkst uns Freude durch das Strahlen der Sonne.

Wenn die Dunkelheit uns umgibt, lass uns genau hin spüren, dass Du auch dann bei uns bist und lass uns in dieser Geborgenheit gut schlafen.

Amen.

Im Namen des Vaters und des Sohnes
und des Hl. Geistes

Mein Vater im Himmel,

Am Ende dieses Tages lege ich vor Dich hin, all das, was mir Freude gebracht hat – mein Gemüt hell werden ließ.

In deine Hände, Herr, gebe ich das, was mich geärgert hat an anderen, an der Situation, aber auch an mir selbst.

Wandle Du es in Sanftmut und Gelassenheit, damit wir uns nicht selbst daran hindern, das Leben vorwärts zu leben und stehen bleiben.

Amen.

Sei Du bei uns mit deinem Segen! –

Gott Vater, Sohn und Hl. Geist

Herr Jesus Christus,

Dank möchte ich Dir sagen für diesen Tag.
Auch wenn heute viel los war,
so weiß ich, Du warst zugegen.
Danke für die Kraft, die Du mir gegeben
hast. Lass mich nun ruhig werden und
schenke mir erholsamen Schlaf, damit ich
gut in einen neuen Tag starten kann.

Darum bitte ich.

Amen.

Im Namen des Vaters und des Sohnes
und des Hl. Geistes

Vater im Himmel,

Unter deinem Schutz weiß ich mich geborgen.

Bei Tag und bei Nacht.

Bevor die Nacht uns ganz umgibt, wollen wir Dir danken für einen wunderbaren Tag. Jeder Tag birgt kleine Wunder. Hilf uns, sie zu entdecken und daran zu erfreuen.

In allem, was da ist, verbirgst Du Dich.

So können wir in Ruhe schlafen,
Amen.

Im Namen des Vaters und des Sohnes und des Hl. Geistes.

Herr, Du mein Gott,

Wieder liegt ein Tag hinter mir.

Ich danke Dir für die Kraft, die Du mir geschenkt hast, zur Bewältigung des Tagesgeschehens.

Und ich danke Dir für deine Gegenwart, auch wenn wir ihr nicht immer bewusst sind, weil wir zu beschäftigt sind. So zeigst Du Dich als unser treuer Freund. Lass auch uns Dir treu sein und darauf vertrauen, dass Du auch am nächsten Tag mit uns gehst.

Amen.

Wir bitten Dich um deinen Schutz für diese Nacht – durch deinen Segen –

Gott Vater, Sohn und Hl. Geist

Guter Gott,

Ich sage Dir Dank für den heutigen Tag.

– Für deinen Schutz, unter dem wir
beruhigt unsere Wege gehen konnten.
Dass Du uns versorgt hast, mit allem was
wir zum Leben brauchen.
Und für die Begegnungen. –
Lass uns in ihnen dein Wirken erkennen.

Amen.

Im Namen des Vaters und des Sohnes
und des Hl. Geistes

Mein Vater im Himmel,

Ich danke Dir für diesen Tag.

Ich danke Dir für das Licht der Sonne,
das unsere Wege beleuchtet und jeden
Morgen neu einlädt zu sehen,
was Du alles geschaffen hast.

Für die Menschen, die mich begleiten
und für dein Beisein,
das mein Gemüt froh sein lässt.

Schütze diese Menschen und segne sie.

Amen.

Im Namen des Vaters und des Sohnes
und des Hl. Geistes

Guter Vater,

Ich möchte Dir danken, am Abend
dieses Tages.

Danken für mein Leben.

Und dass Du jeden Tag neu mit uns
beginnst.

Danken für deine Güte, in der Du uns
alles schenkst, was wir zum Leben
brauchen.

Danken auch für die Menschen,
die mich begleiten und sich um mich
sorgen.

Behüte sie, und vergelte ihnen all
das Gute, was ich nicht vergelten kann.

Ich bitte Dich für die Einsamen. Lass sie
Halt und Trost bei Dir finden und sei
ihnen spürbar nahe.

So segne Du uns, Vater – deine Kinder.

Amen.

Im Namen des Vaters und des Sohnes
und des Hl. Geistes

Mein Gott - Vater,
Ich danke Dir für einen wunderbaren Tag.

Wieder hast Du Dich uns in deiner Vaterliebe angenommen und Dich um uns gekümmert. - Uns in deiner Weisheit das gegeben, was wir am heutigen Tag gebraucht haben,
um uns weiterzuentwickeln.
Ereignisse, die einen wachen Geist erfordert haben und Menschen, die mir ihre Lebenserfahrungen weitergeben.

Segne sie - Oh Herr, und schau auf das Gute, das sie tun.

Lass uns alle wandeln unter deinem Schutz und in dem Vertrauen, dass Du uns nie alleine lässt auf unseren Wegen.

Amen.

Im Namen des Vaters und des Sohnes und des Hl. Geistes.

Herr, mein Gott,
Ich preise Dich am Abend dieses Tages.

Dass ich den Reichtum deiner Schöpfung
sehen durfte .
– Du unseren Tag hell gemacht hast.

Ich danke Dir, dass Du mich durch
den Tag begleitet hast, auch wenn ich es
nicht wahrgenommen habe.

Du bist stets bei deinen Kinder- ohne dass
Du eine Gegenleistung erwartest.

Du freust Dich einfach, wann immer wir
uns Dir zuwenden.

Danke für deine große Liebe!

Dieser empfehle ich besonders
die Menschen an, die nur das Schlechte in
ihrem Leben sehen und dadurch ihren
Lebensmut und Lebensfreude verlieren.

Öffne ihnen in deiner Güte die Augen für das Schöne und Positive in ihrem Leben und der Welt,

Amen.

Ich bitte Dich um deinen Segen für all deine Kinder für diese Nacht und alle dunklen und hellen Zeiten.

– Gott Vater, Sohn und Hl. Geist.

Guter Gott,

Am Ende dieses Tages möchte ich Dir
danken für deine Begleitung.

Du warst bei mir, bei allem was ich heute
getan habe.
Das ist mein Glaube und darauf kann ich
Tag für Tag vertrauen – stärke mich darin!

Ich danke Dir für das Gute, das ich heute
tun konnte, und das mir andere getan
haben.

Bitte verzeih mir schlechte Gedanken und
unüberlegte Handlungen.

Schenke mir in der Gewissheit deiner
Güte eine gute und erholsame Nacht,
damit ich morgen gestärkt einen
neuen Tag –Dir zur Ehre – begehen kann,

Amen.

Im Namen des Vaters und des Sohnes
und des Hl. Geistes.

Mein Gott,

Wieder habe ich einen Tag hinter mich
gebracht –
ich mache mich bereit für die Nacht.
Ich weiß Du warst bei mir. –

Darum danke ich Dir.

Ich bitte Dich nun um guten Schlaf.

Damit ich am nächsten Morgen erholt
und wach in den Tag gehen kann.

Schenk mir deinen Segen für diese Nacht
und halte alle Gefahren fern.

Amen.

Im Namen des Vaters und des Sohnes
und des Hl. Geistes

Gott, unser Vater,

Ich danke Dir für den vergangenen Tag.

Ich danke Dir für die Kräfte, die Du mir zu
seiner Bewältigung gegeben hast.
Und für die Nahrung, die Du mir
zu deren Aufrechterhaltung
mit dazugabst.

Du weißt, was wir für unser Leben
brauchen,

Und sorgst für uns.

Darum will ich Dir allezeit danken.

Lass mich nun gut schlafen –

Damit ich erholt den nächsten Tag
beginnen kann.

Amen.

Im Namen des Vaters und des Sohnes
und des Hl. Geistes

Voll vertrauen rufe ich zu Dir, Oh Herr.

Ich fühle mich so kraftlos am Ende dieses Arbeitstages. Ich bitte Dich: Stärke mich,

um auch durch die letzten Tagesstunden mit wachem Geist zu gehen und meinen Mitmenschen – besonders meiner Familie – aufmerksam zu begegnen.

Amen.

Im Namen des Vaters und des Sohnes und des Hl. Geistes

Guter Gott,

Dunkelheit umgibt mich –

Die Nacht ist hereingebrochen.

Ich fürchte mich,
denn ich kann nichts sehen.

Schenke mir das Vertrauen,
dass Du da bist bei mir.

Und lass mich deine Hand spüren,
die mich führt.

Du bist der gute Hirte, der
alle Gefahr abwehrt.

So möchte ich Dir unendlich danken

und deine Größe preisen.

Amen.

Ich bitte Dich: Schenke Segen.
Mir und meinen Lieben, und besonders
denen, die vor Finsternis Grauen haben.

– Du, Gott Vater, Sohn und Hl. Geist

Herr, Du mein Gott.

Was für ein schöner Tag
das doch war!

Danke für die schönen Erlebnisse,
die ich heute hatte.
Und Danke für alle Begegnungen
mit Mitmenschen.

Lass mich heute mit einem
beglückenden Gefühl über den
heutigen Tag einschlafen und mich
sicher geborgen wissen bei Dir.

Amen.

Im Namen des Vaters und des
Sohnes und des Hl. Geistes

Lieber Gott,

Und wieder liegt ein Tag
hinter mir.

Auch wenn es nicht immer
einfach war

– Du warst da und hast mir den
Rücken gestärkt.
– Unscheinbar und leise.

Ich bitte Dich, dass sich mir
dies in mein Bewusstsein
einschärft.

So kann ich getrost auf den
kommenden Tag hoffen.
Amen.

Schenke Segen –
mir, allen die mir lieb sind
und all jenen,
denen ich täglich begegne –

Du, Gott Vater, Sohn
und Hl. Geist

Ereignis-/Jahreszeiten gebundene Gebete

Herr, unser Gott,

Ein neues Jahr beginnt.

Wir wissen noch nicht,
was es bringen mag.

Doch Du hältst unsere Zeit
in deinen Händen.

Lass uns deiner Führung vertrauen

und alle Neuanfänge geschehen lassen.

Du stehst uns zur Seite und gehst mit uns

durch alle Höhen und Tiefen.

Amen.

Segne Du uns und alle Tage, Stunden und
Minuten dieses Jahres

- Gott Vater, Sohn und Hl. Geist

Oh Herr!

Neues beginnt – Neues liegt vor mir.

Lass mich hoffnungsvoll und zuversichtlich

in die Zukunft blicken.

Nimm mich bei der Hand –

so kann ich sicher vorangehen.

Denn Du gibst Halt und willst uns Stütze sein.

Amen.

So bitte ich Dich:

Segne mich und den Weg, der vor mir liegt –

Du, Gott Vater, Sohn und Hl. Geist

Die Entstehung dieses Gebetbuches:

Abgesehen von meiner Glaubensentwicklung durch die verschiedensten Erfahrungen in meinem Leben - besonders einem Unfall mit lebensplanändernden Folgen, begann ich eigene Gebete zu verfassen, weil mir die vorgegebenen Gebete, die ich Woche für Woche mit meiner Mutter am Frühstückstisch gebetet habe, langweilig wurden. Ich fragte mich, warum ich nicht einfach selbst Gebete aufschrieb, da ich doch selbst zu fast jeder Zeit im Gebet mit Gott bin.

Mit dem Verfassen eigener Morgengebete begann es also.

Weiter schrieb ich auch untertags Gebete - zu jeder Zeit, wann immer ich den Impuls dazu hatte.

So sind sehr viele Gebete entstanden. Was diese alle verbindet, ist ein tiefes Vertrauen in Gott, Seine Liebe und Seine ständige Gegenwart. Und der Dank, der ihm dafür gebührt.

Bildquellen:

Gottes Liebe zu uns:

Giovanni Battista Salvi (Sassoferrato)
(1609 -1685)
„Madonna und Kind"

Carl Heinrich Bloch(1834-1890):

Hilferuf:
„Heilung des blinden Bartimäus"

Immanuel:
„Der Tröster"

Lob, Preis & Dank:
Deckenfresko Wieskirche – Steingaden

Danksagung

Ich danke vorrangig meiner allerbesten Freundin Corinna Ostenberger, die mich, seit ich beschlossen habe meine Gebete als Buch drucken lassen zu wollen, unterstützt hat. – die Gebete korrigiert - nach gemeinsam festgelegten Formatierungs-Regeln– und ermutigt hat, bei dem Vorhaben, diese in Buchform drucken und veröffentlichen zu lassen.

Ich danke meinen Eltern, die mich im Glauben erzogen haben und so den Grundstein gelegt haben.
Ich danke all meinen geistlichen Begleitern – Besonders Pfr. Joachim Gaida, der als Dorfpfarrer zu meiner Ministranten–Zeit in unserer Pfarrei war.Welcher durch die Vermittlung seines tiefen Glaubens, meinen Glauben stets selbst hat reifen lassen. Ich danke meinen geistlichen Begleitern in Krankenhaus und Studium, welche mir beigestanden haben in den unterschiedlichen Prüfungen des jungen Erwachsenen–Lebens.

Für das Vorhaben, meine Gebete als Buch drucken zu lassen und zu veröffentlichen gilt der Frau mein Dank , die mir diesen Flo ins Ohr gesetzt hat. -Frau Christine Stöckler – Sekretärin im Direktionssekretariat des Klosters der Salesianer Don Bocos in Benediktbeuern.

Und damit dieses seit 2017-laufende Projekt nun endlich zu seinem Druck kommen konnte,

danke ich all denjenigen in meiner Arbeit Verantwortlichen - in der Wertachtal Werkstätte Kaufbeuren, die es mir zugestanden haben, während der Arbeitszeit daran zu arbeiten.

Und nun -

Der wirklich letzte und für die Fertigstellung besonders wichtige Dank gilt meinem Vater. Der mich mit seinen Computer-Kenntnissen und Verständnis, bei der fehlenden Rest-Formatierung und endgültigen Manuskript-Fertigstellung unterstützt hat.